저기요, 혹시 도를 아세요?

아무것도 하지 않는 게 무위라고요?
아니에요. 도가 사상은 한마디로
사람은 흐르는 물처럼 살아가야 한다는 거예요.
왕이 힘으로 백성을 다스리지 말고
백성이 원하는 대로 두면 세상이 평화로워진다는 거예요.
노자와 장자의 도가 사상을 알아볼까요?

추천·감수 권치순

서울대학교에서 과학교육과와 동 대학원을 마치고, 연세대학교에서 박사 학위를 받았습니다. 한국교육개발원에서 책임연구원(과학교육연구실장)으로 있으면서 우리나라 초·중·고등학교 과학 교육과정과 교과서를 연구·개발하였고, 지금은 서울교육대학교 과학교육과 교수(학과장)로 재직 중입니다. 서울교육대학교 과학영재교육원장을 역임하였고, 2007년 개정 교육과정에 따른 초등학교 3~4학년 차세대 과학 교과서 집필 책임자로 일하고 있습니다. 최근에 지은 책으로 〈창의적 문제 해결력을 키워라〉, 〈탐구 활동을 통한 과학 교수법〉, 〈지구과학 교육론〉, 〈지구과학 교수 학습론〉 등이 있습니다.

추천·감수 김택민

고려대학교 문과대학 사학과를 졸업하였으며, 동 대학원에서 박사 학위를 받았습니다. 현재 고려대학교 사범대학 역사교육과 교수로 재직 중입니다. 위진수당사학회 회장 및 동양사학회 간사를 역임하였으며, 현재는 동양사학회 회장으로 활동하고 있습니다. 지은 책으로는 〈3000년 중국 역사의 어두운 그림자〉, 〈중국 토지경제사 연구〉, 〈동양법의 일반 원칙〉, 〈역주당육전 상·중·하〉 등이 있습니다.

글 우연정

서울에서 태어나 이화여자대학교 국문학과를 졸업했습니다. 그동안 사보 기자와 KBS 방송 작가로 일하면서 동화 습작을 해 왔습니다. 지금은 어린이와 유아에게 필요한 다양한 책을 집필하고 있습니다. 지은 책으로 〈세상 모든 CEO의 경영 이야기〉, 〈Why?-갯벌〉, 〈머리가 좋아지는 쏙쏙 집중력〉, 〈머리가 좋아지는 똑똑 기억력〉, 〈스스로 깨치는 통문자 한글, 1~5권〉 등이 있습니다.

그림 조민경

홍익대학교 동양화과를 졸업했습니다. 한국출판미술협회 회원이며, 현재 프리랜스 일러스트레이터로 활동하고 있습니다. 그린 책으로 〈꼭꼭 숨어라〉, 〈성냥팔이 소녀〉, 〈좁쌀 한 톨〉, 〈만복이는 풀잎이다〉, 〈얼레꼴레 결혼한대요〉, 〈향기 나는 친구〉 등이 있습니다.

EQ 휴먼 파워
33 | 노자와 장자 - 저기요, 혹시 도를 아세요?

총기획 및 발행인 박연환
발 행 처 한국톨스토이
출판등록 제406-2008-000061호
본   사 경기도 성남시 분당구 금곡동 444-148 한국헤르만헤세 빌딩
대표전화 (031)715-7722
팩   스 (031)786-1100
고객문의 080-470-7722, www.tolstoi-book.co.kr
편   집 백영민, 박형희, 송정호, 오은석
디 자 인 박미경, 김재욱, 박은경

이 책의 저작권은 한국톨스토이에 있습니다.
본사의 동의나 허락 없이는 어떠한 방법으로도 내용이나 그림을 사용할 수 없습니다.

△ 주의 : 본 교재를 던지거나 떨어뜨리면 다칠 우려가 있으니 주의하십시오.
고온 다습한 장소나 직사광선이 닿는 장소에는 보관을 피해 주십시오.

EQ 휴먼 파워 33 | 노자와 장자

저기요, 혹시 도를 아세요?

글 우연정 | 그림 조민경

한국톨스토이

겉으로 꾸며도 속마음은 훤히 보인다

여러 나라로 나뉜 중국에는 전쟁이 그치지 않았어요.
각 나라의 왕들은 서로 이웃 나라를 차지하려 했지요.
중국의 황제가 되려고 말이에요.
이것을 보며 노자는 한탄했어요.
"욕심은 자연의 도를 거스르는 법,
지나친 욕심으로 백성을 고통에 빠뜨리는군."

천하를 통일할 영웅은 나밖에 없다!

공자를 흘끔 본 노자는 달가운 표정이 아니었어요.
"어쩐 일이시오?"
"선생의 학문이 높다 하여 가르침을 받고자 왔습니다."
공자가 공손히 대답하자, 노자는 천천히 입을 열었어요.
"좋은 물건이 있는 상인은 그걸 깊이 감추어 둡니다.
그래서 가게가 텅 빈 것처럼 보이지요.
존경할 만한 사람도 마음속은 어질고 지혜롭지만,
겉모습은 어리숙해 보이지요."
공자는 뜻을 헤아리려 애쓰며 조용히 듣고 있었어요.
노자가 다시 말을 이었어요.
"그런데 당신은 세상의 지혜를 혼자 다 아는 듯 교만하고,
자신의 뜻을 펼치려는 욕심이 가득하오.
억지로 꾸미고 있는 얼굴 표정도 당장 버리시오.
당신에게 아무런 도움이 안 되니까."
노자의 호된 꾸짖음에 공자는 대꾸할 말이 없었어요.

어떻게 알았지?
인자한 표정을
지으려고 거울 보고
연습했는데…….
귀신이네.

그릇은 비워야만 쓸모가 있다

노자가 길을 가는데, 수레가 지나갔어요.
옆으로 비켜선 노자가 수레를 뚫어지게 바라보았어요.
빙글빙글 돌아가고 있는 수레바퀴를 말이에요.
함께 길을 가던 제자가 물었어요.
"스승님, 수레바퀴가 잘못되기라도 했습니까?"

"수레바퀴의 모양이 흥미롭지 않은가?"
"수레바퀴가 흥미롭다고요? 글쎄요……."
"잘 보게. 수레는 네 바퀴 덕분에 움직이지.
그렇다면 네 바퀴는 어떻게 해서 굴러가는가?"
"그야 바퀴 구멍에 축을 연결했으니 굴러가지요."
"맞았어, 바퀴가 비어 있지 않으면 축을 끼울 수 없지."
'그게 어쨌다는 거지?'

제자가 알 수 없다는 표정을 짓자, 노자가 물었어요.
"자네는 그릇을 볼 때 무엇부터 보는가?"
"그야 모양이나 그림이 먼저 눈에 들어오지요."
제자는 대답을 하면서도 어리둥절한 표정이었어요.
"다들 겉모양에만 관심을 가지고 있으니……, 쯧쯧."
노자는 혀를 차며 말을 이었어요.
"모양이 아무리 아름다운들, 그릇이 가득 차 있으면
무슨 소용이겠는가? 그릇은 비어 있어야 쓸모가 있다네."
제자는 그제야 노자의 말을 이해할 수 있었어요.

비어 있어야 쓸모가 있는 법이야.

세상에 도둑이 없게 하려면?

세상에 도둑은 왜 있는 걸까요?
자기 것이 아닌데 가지려는 욕심 때문이겠지요.
그렇다면 욕심은 왜 생길까요?
아름답거나 귀한 물건이 있기 때문이라고요?
비싼 다이아몬드를 보면 이런 생각이 들겠지요.
'와, 다이아몬드 반지! 저게 내 거라면 얼마나 좋을까?'
만약 그 귀한 보석이 길거리에 떨어져 있다면?
'저거 하나면 부자가 될 거야. 지금 보는 사람도 없고…….'
한순간에 욕심을 이기지 못하고 손을 댈지도 모르지요.

다이아몬드랑 돌멩이랑 뭐가 달라?

그런데 노자는 도둑이 있는 원인을 욕심으로 설명하지 않았어요.
"물건을 귀한 것과 그렇지 않은 것으로 왜 가르는가?"
노자는 물건을 그렇게 가르는 것 자체가 잘못이라고 했어요.
알쏭달쏭하여 이해하기가 어렵다고요?
하지만 곰곰이 생각해 보면 노자의 말이 맞기도 해요.

예를 들면, 원래 다이아몬드는 그냥 돌멩이예요.
그걸 사람들이 깎고 다듬어 비싼 값에 팔기 때문에
귀한 물건이 된 거예요.
만약 다이아몬드를 굴러다니는 돌멩이처럼 하찮게 여긴다면,
도둑이 다이아몬드를 훔치려고 하겠어요?

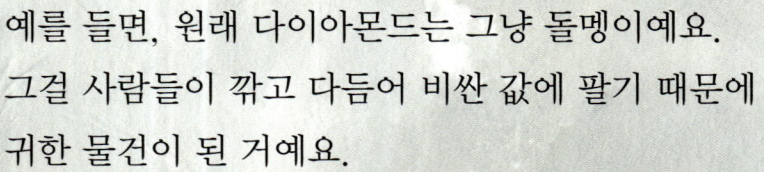

뭐야, 왜 이렇게 불이 안 붙어?

> 귀한 다이아몬드로 불이나 붙이고 있다니!

귀한 것과 천한 것이 없다고요?

들에 핀 이름 없는 꽃보다 화려한 장미가 더 아름다워 보여요. 꾸물거리는 지렁이보다 동물의 왕 사자가 더 멋있어 보이고요. 하지만 이런 생각은 사람들이 만들어 낸 거예요. 장미꽃은 들꽃 앞에서 잘난 체하지 않아요. 사자도 지렁이 앞에서 우쭐거리지 않지요. 자연 속에서는 모든 생물이 그 나름대로 가치 있고 소중해서, 귀하고 천한 것이 없답니다.

"귀한 것을 귀하게 여기지 않으면 훔치는 사람이 없어질 것이다."
이게 바로 도둑이 안 생기게 하는 노자의 방법이랍니다.
자연 그대로의 질서가 가장 바람직하다는 노자의 생각이지요.
"사람들 뜻대로 귀한 것과 천한 것을 정하지 않는
자연 상태에서는 모든 게 평화롭고 욕심이 없다."
노자의 말대로, 물 흐르듯 평화로운 자연의 질서에
사람이 끼어들어 마음대로 바꾸고 욕심내는 건 아닐까요?

아침에 3개, 저녁에 4개
그리고 아침에 4개, 저녁에 3개

중국 송나라의 저공은 원숭이를 좋아했어요.
그래서 원숭이를 많이 기르고 있었어요.
그러던 어느 해, 가뭄으로 흉년이 들었어요.
원숭이 먹이 구하기가 매우 어려워졌지요.
"이것 참, 먹이를 조금 줄 수밖에 없다는 말을 어떻게 하나?"
다음 날 아침, 저공이 말했어요.
"애들아, 오늘부터 먹이를 조금밖에 못 주겠구나.
올해는 가뭄이 들어 사람들도 굶는 처지란다."
깜짝 놀란 원숭이들이 저공 앞으로 몰려들었어요.
"그럼 우린 뭘 먹나요?"
"줄 수 있는 게 도토리밖에 없구나."
"몇 개씩 주실 건데요?"

뭐 이런 걸 먹으라고 주냐?

장자는 이야기꾼

노자가 자신의 철학을 시로 표현했다면, 장자는 우화를 즐겨 사용했어요. '이솝 우화' 처럼 재미있고 짧은 이야기 속에 자신의 생각을 담은 것이지요. '조삼모사' 역시 장자가 지어낸 이야기예요. 그가 지어낸 이야기들을 읽다 보면, 놀라운 깨달음이 머리를 스친답니다.

"음, 지금은 3개씩을 주고, 저녁에 4개씩을 주마."
저공의 대답에 원숭이들은 길길이 뛰며 화를 냈어요.
"말도 안 돼요. 겨우 도토리 3개만 먹으라고요?"
"도토리 3개로는 배고파서 살 수 없다고요!"
원숭이들의 성화에 저공은 꾀를 냈어요.
"그렇다면 지금 4개씩 주고, 저녁에 3개씩 주마."
지금 4개씩 준다는 말에 원숭이들은 신이 났어요.
"좋아요, 처음부터 그랬으면 우리도 화내지 않았어요."
저공은 혀를 끌끌 차며 중얼거렸어요.

"하루에 도토리 7개를 먹는 것은 마찬가지인데, 쯧쯧……."
어리석은 원숭이들은 지금 당장
더 먹을 수 있다는 것만 알고,
나중은 생각 못했던 거지요.

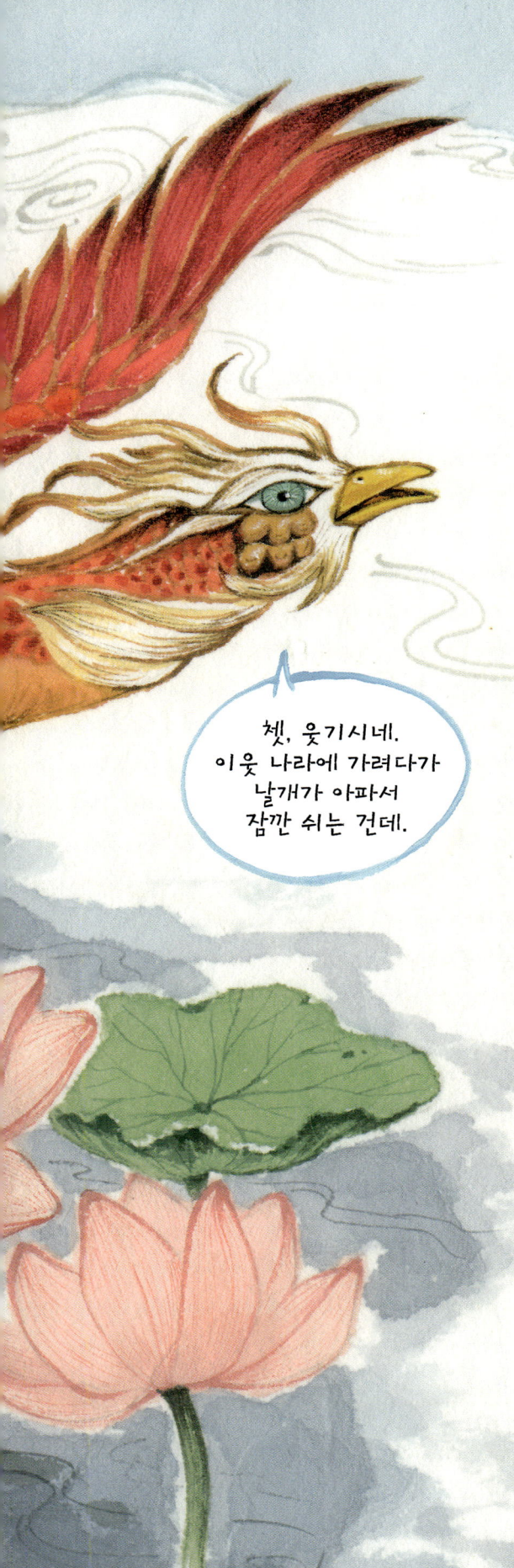

쳇, 웃기시네.
이웃 나라에 가려다가
날개가 아파서
잠깐 쉬는 건데.

노나라 임금과 바다 새

옛날 중국 노나라에 진귀한 새가 날아들었어요.
먼바다에서 온 이 새는 사람들의 눈과 마음을
사로잡았어요.
"형형색색 화려한 깃털 좀 보게!"
"길고 곧은 목은 우아하여 참으로 기품 있군!"
"단단하고 뾰족한 부리는 굳은 성품을 알려 주네."
무엇보다 이 새만의 가치는 황홀한 울음소리에 있었어요.
"천국의 노랫소리가 바로 저렇게 들리겠지!"
노나라 사람들은 이 바다 새를 보물처럼 아꼈답니다.
이 소문을 들은 임금이 명령했어요.
"진귀한 그 새를 내 눈으로 직접 봐야겠구나."
신하들은 바다 새를 왕궁으로 데려왔어요.
임금 역시 새의 매력에 흠뻑 빠져들었어요.
"이렇게 아름다운 새가 날아들다니, 좋은 징조로구나!"

임금은 바다 새를 위해 화려한 새장을 준비시켰어요.
새장을 곁에 두고 귀한 손님처럼 늘 보살폈지요.
먹이로는 임금만 맛볼 수 있는 음식을 내놓았어요.
"이것을 마셔 보렴, 불로초로 담근 술이란다."
새는 어리둥절할 뿐, 술을 마실 리 없었지요.
"이 고기를 먹어 보아라. 맛이 아주 좋을 거야."
임금은 새를 기쁘게 하려고 특별한 음식을 권하며
음악을 들려주기도 했어요.
하지만 바다 새는 슬픔에 잠겨 먹지도 않았어요.
사흘째 되는 날, 바다 새는 그만 죽고 말았어요.
바다 새가 죽은 까닭은 무엇일까요?
모든 생물은 자신만의 살아가는 방법이 있어요.
그런데 노나라 임금은 새를 사람 대하듯 하면서
그게 사랑하는 방법이라고 여긴 것이지요.

내 기준이 항상 옳은 건 아니야

자연의 법칙 속에서 사람의 판단과 기준이 얼마나 어리석은지 노나라 임금을 보면 알 수 있어요. 사람은 자신을 세상의 중심에 놓고, 자기가 옳다고 생각하는 게 세상의 진리인 것처럼 착각해요. 하지만 내 생각은 항상 옳지도 않고, 그저 자연법칙의 일부일 뿐이랍니다.

재주 있는 원숭이

중국 오나라 임금이 배를 타고 구경을 하고 있었어요.
"저 산 이름이 무엇이더냐?"
임금은 나무가 울창한 산을 가리키며 신하에게 물었어요.
"예로부터 원숭이가 많이 살아 원숭이 산이라 부릅니다."
"그럼 원숭이 구경이나 해 볼까?"
임금은 신하들과 함께 원숭이 산에 올랐어요.
한가롭게 지내던 원숭이들이 사람을 보자 깜짝 놀랐어요.
끽끽 끼끽끽.
모두 소리를 지르며 깊은 숲 속으로 달아났지요.
"이런, 원숭이들이 도망을 가는구나."
임금이 안타까워하는데, 신기한 일이 일어났어요.
원숭이 한 마리가 도망은커녕 재주를 부리는 거예요.

원숭이가 장난스럽게 나뭇가지를 던지고,
재주를 뽐내듯 팔짝팔짝 뛰었어요.
"오호, 겁 없는 녀석이구나."
임금은 활을 꺼내 원숭이를 향해 쏘았어요.
그런데 원숭이가 화살을 손으로 잡지 않겠어요.
"요놈 좀 봐라?"
다시 화살을 쏘자, 원숭이는 화살을 또 잡았어요.
사람들이 놀라자, 원숭이는 의기양양해졌어요.
"화살을 계속 쏴 보아라!"
처음 몇 개는 잘 잡았지만, 곧 지치고 말았지요.
결국 원숭이는 화살에 맞아 목숨을 잃었답니다.
"쯧쯧, 재주만 믿고 잘난 척하더니 결국 죽고 말았구나."
교만했던 원숭이를 보며 임금은 혀를 찼답니다.

인생은 조릉의 장자다

장자가 하루는 '조릉'이라는 저택 옆을 거닐고 있었어요.
그때 까치가 장자의 이마를 스치고 지나갔어요.
까치는 곧 밤나무 숲에 내려앉았어요.
"저 새는 눈이 크면서도 잘 보지 못하더니,
날개가 크면서도 잘 날지 못하는구나."

요놈, 너도 마찬가지야.

누가 할 소리! 사마귀만 보이고, 이 화살은 안 보이지?

장자는 까치에게 다가가 활을 겨누었어요.
까치는 그런 줄도 모르고, 한곳만 바라보았어요.
장자도 그쪽으로 고개를 돌렸더니
사마귀가 보였어요.
사마귀는 앞발을 들고 무언가를 노려보고 있었지요.
장자 역시 사마귀가 노려보는 곳을 쳐다보았어요.
그곳은 나무 그늘로, 매미가 더위를 식히고 있었어요.
사마귀가 노리고 있는 걸 꿈에도 모르는
매미는 기운차게 울고 있었지요.
그 모습을 보고 장자는 큰 깨달음을 얻었어요.

"아, 세상 만물이 자신 앞에 놓인 이익을 좇느라,
어떤 위험에 놓여 있는지 알지 못하는구나!
매미는 어리석게도 더위를 피할 줄만 알고,
사마귀가 자신을 노리는 것은 몰랐어.
사마귀도 매미 잡을 생각에 까치의 밥이 되는 걸 몰랐지.
까치 역시 사마귀를 낚아챌 생각만 하느라,
활이 자신을 겨누리라고는 생각도 못 했잖아."
자신의 상황이나 처지를 제대로 알지 못하는 게
바로 어리석은 만물의 모습이라는 걸 알게 된 거예요.
깨달음을 얻은 장자는 밤나무 숲을 걸어 나왔어요.
이때 갑자기 등 뒤에서 누군가가 욕을 해 댔어요.
"어떤 놈이 남의 정원에 함부로 들어온 거야?"
조롱을 지키는 하인이 장자를 꾸짖은 거예요.
장자는 까치를 잡을 생각에 정신이 팔려
'조롱' 안으로 들어간 줄도 모르고 있었어요.
인간인 장자도 매미와 사마귀, 까치 같은 생물이랑
다를 게 없었던 것이지요.

아차, 실수!

조릉에서 돌아온 장자

장자는 조릉에서 돌아온 후, 석 달 동안 집 밖에 나오지 않았대요. 제자가 걱정이 돼서 물으니, 장자는 이렇게 대답했다는군요. "얼마 전 나는 조릉에서 나 자신을 잊었고, 조릉의 하인이 나를 죄인으로 여겼다. 이것이 내가 밖으로 나가지 못하는 까닭이다." 아마도 장자는 스스로 반성할 줄 아는 철학자였나 봐요.

너무 큰 표주박은 쓸모가 없다?

어느 날, 혜시가 장자를 찾아왔어요.
"얼마 전, 위나라 왕이 박씨 하나를 주기에 심었더니,
글쎄 엄청나게 큰 조롱박이 열렸지 뭔가?"
혜시는 장자의 눈치를 살피며 말을 이었어요.
"얼마나 큰지, 표주박을 만들고 보니 물이 닷 섬이나 들어갔지.
하지만 너무 무거워서 들 수가 있어야 말이지.
그래서 박을 깎아 술잔을 만들려고 했더니만
껍질이 너무 두꺼워 만들 수가 없더라고.
그 박은 크기만 할 뿐 도무지 쓸모가 없어 깨 버렸네."

'나의 철학이 박처럼 크기만 할 뿐,
생활에는 별로 쓸모가 없다고 비난하는군.'
혜시의 본뜻을 짐작한 장자가 이야기를 시작했어요.
"자네는 어리석게도 큰 것을 제대로 쓸 줄 몰라.
내 이야기를 잘 들어 보게.
송나라에 남의 빨래를 해 주고 사는 사람이 있었네.
그는 효과가 아주 좋은 약을 만들었다네.
찬물 때문에 튼 손등에 바르면 곧 낫는 약이었지.
어느 날, 한 사람이 그를 찾아왔다네.
약효에 대한 소문을 들은 것이지."

> 표주박이
> 아깝군.
> 나한테 주지.

혜시는 장자의 친구인가, 적인가?

혜시는 양나라의 재상이자, 장자의 오랜 친구였어요. 하지만 둘은 늘 자신의 주장을 굽히지 않아 토닥거리며 말싸움을 즐기던 라이벌이었답니다. 장자는 혜시가 죽었을 때 무척 슬퍼하며 눈물을 흘렸다고 해요.

장자는 잠깐 쉬었다가 말을 이었어요.
"손님은 약 만드는 비법을 가르쳐 주면 백 냥을 주겠다고 했네.
송나라 사람은 당연히 비법을 팔았지.
약 만드는 법을 알게 된 사람은 오나라 왕에게 달려갔어.
그때 월나라와 강가에서 전쟁 중이던 오나라 군사들은
손이 터서 화살도 못 쏠 지경이었다네.
그러니 오나라 군사들에게 참으로 필요한 약이었지.
약을 바르고 기운을 차려 전쟁에서 큰 승리를 거두었네."
결국 똑같은 약을 한 사람은 고작 빨래를 하는 데 사용하고,
다른 사람은 전쟁을 승리로 이끄는 데 사용했던 것이지요.
"물건은 누가 어떻게 쓰느냐에 따라 쓸모가 달라지는 법!
자네는 커다란 표주박이 아무 쓸모가 없다고 했었나?
그 박으로 배를 만들었다면 뱃놀이에 그만이었을 텐데, 아깝군."
혜시는 장자의 말에 아무 대꾸도 하지 못했답니다.

장자가 마지막으로 남긴 말

장자는 권력이나 돈, 명예 등에 관심이 없었어요.
그러니 가난했지만 부끄러워하지 않았으며,
작은 이익에 눈이 먼 사람들을 비웃었어요.
그렇더라도 죽음 앞에서는 겁을 내지 않았을까요?
장자의 죽음이 멀지 않게 되자, 제자들이 의논했어요.

"스승님의 학문과 명성에 걸맞게 장례식을 치러야 하네."
"당연하지. 마지막 가시는 길인데 제자 된 도리를 다해야지."
이 사실을 안 장자는 제자들을 불러 말했어요.
"내 장례 때문에 분주하게 애쓰지 마라."
"그런 말씀 마세요. 나중 일은 저희들이 알아서 할 테니……."
제자들은 스승님을 생각하자 눈물이 나왔어요.

장자는 눈물을 흘리는 제자들에게 말했어요.
"하늘과 땅이 내 관이고, 해와 달은 부장품이 될 것이다.
별들은 관을 장식할 구슬이지. 만물이 내 관에 들어가는데,
더 준비할 게 무엇이냐? 내가 죽으면 그냥 들판에 두어라."
장자는 형식을 갖춘 장례가 쓸데없다고 생각했어요.
죽음을 그저 자연으로 돌아가는 것이라 생각했지요.
하지만 제자들의 마음은 달랐어요.
존경하는 스승을 들판에 버려둘 수는 없었으니까요.
"그럴 순 없습니다. 까마귀가 스승님을 먹으면 어쩝니까?"
"땅 위에 두면 솔개나 까마귀가 먹지만,
땅에 묻으면 땅강아지나 개미들이 먹지 않겠느냐?
어차피 땅강아지나 개미가 먹을 것을 솔개나 까마귀가
먹는다고 달라지는 것이 있느냐? 그냥 들판에 버려두어라."
제자들이 정말로 장자를 들판에 두었는지는 알 수 없어요.
하지만 장자는 죽는 순간까지 '도'를 이루며 살았기에
도가 사상과 함께 영원히 기억되고 있답니다.

노자와 장자의 도가 사상

노자와 장자의 도가 사상은 오늘날에도 커다란 깨우침을 주고 있어요. 도가의 출발점과 도착점은 자연이에요. 노자와 장자는 모두 자연과 하나가 되어 자연과 더불어 살아가는 삶을 바랐답니다. 지혜를 담은 도가 사상에 대해 알아볼까요?

노자는 어떤 사람인가요?

노자는 기원전 500년경의 인물이에요. 지금으로부터 약 2500년 전에 초나라에 살았던 철학자이지요. 노자의 이름은 이이이고, 자는 담이에요. 노자는 주나라 궁전 안에 있는 장서실의 관리였어요. 스스로 숨어서 '도'와 '덕'을 닦으며 자신의 이름이 드러나지 않도록 힘썼어요. 주나라가 흔들리자 조용히 묻혀 살기로 마음먹고 길을 떠났지요. 이때 〈도덕경〉이라는 책을 주나라에 남겨 놓았답니다. 노자는 도를 닦아 무척 오랫동안 살았다고 해요. 160여 세를 살았다고도 하고, 200여 세를 살았다고도 해요.

사람이 행복하게 살려면 '도'를 닦아야 해.

노자는 〈도덕경〉에서 무엇을 말했나요?

노자는 사람들이 바르다, 훌륭하다고 믿는 것 모두가 절대적으로 올바르거나 훌륭한 것이 아니라는 사실을 알았어요. 노자는 사람들이 비교를 통해 만들어 낸 판단에 반대되는 뜻으로 '무위'를 말했어요. 무위는 인간의 이상적인 행위랍니다. 또한 노자는 사람들이 '만들어 낸' 인위적인 것으로부터 완전히 벗어난 '자연'을 바랐어요. 노자는 '무위자연'이라는 말을 남겼는데, 이는 억지로 무엇을 하지 않고 순수하게 꾸밈없이 자연의 순리에 따르는 삶을 사는 것이랍니다.

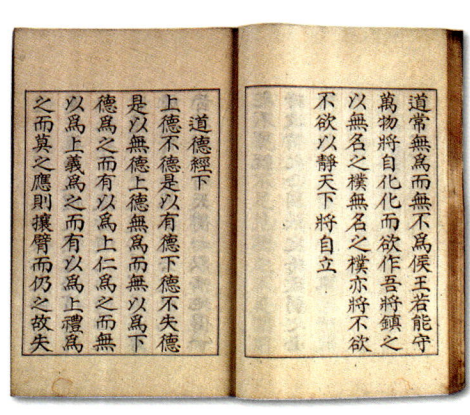

▲ 노자의 〈도덕경〉

장자는 어떤 사람인가요?

장자는 송나라 출신으로 이름은 주이고 자는 자휴예요. 기원전 370년경의 인물로, 노자보다 130여 년 뒤에 태어났어요. 노자의 뒤를 이어 도가 사상을 발전시켰지요.
장자는 고향에서 옻나무밭을 관리하는 작은 관직을 잠시 맡았을 뿐, 누군가의 밑에서 일하지 않고 평생을 자유롭게 살아갔어요. 자유로운 대신 평생 동안 가난했어요. 물고기를 낚고 산에 올라 땔감을 구하며 살아가야 했답니다. 하지만 그는 돈을 벌어 부자가 되는 일에 관심이 없었어요. 그래서 초나라 위왕이 재상이 되어 달라며 많은 재물을 보내왔을 때에도 정중히 물리치고 자유로운 삶을 선택했어요.

장자는 어떤 철학 세계를 가졌나요?

장자는 노자와 마찬가지로 자연과 더불어 살아가는 '무위자연'의 삶을 가장 바람직하게 생각했어요. 장자는 "무언가를 억지로 하지 마라."고 말했는데, 이는 욕심을 버리라는 말과 같아요. 욕심을 버려야만 있는 그대로의 자연을 볼 수 있고, 그때에 비로소 자연과 하나가 되어 자유롭게 살 수 있는 마음이 생긴다는 거였어요.
장자는 만물이 지배하는 원리를 '도'라고 보고, 도의 관점에서 보면 만물이 차별이 없다고 했어요. 장자는 오리는 다리가 짧고 학은 목이 길듯이 만물의 생김새는 제각각이지만 그들의 가치는 모두 같다고 생각했어요. 이렇듯 만물의 가치가 같기에 사람들이 사물을 차별하는 생각을 바꿔야 한다고 말했지요.
장자는 자신의 사상을 재미있고 재치 넘치는 우화 안에 담아냈어요. 오늘날 장자의 우화는 인생의 지혜를 일깨우는 보석 같은 이야기로 큰 사랑을 받고 있답니다.

나의 스승인 노자도 말씀하셨지만, 우리는 자연과 더불어 살아가야 한다네.

중국의 사상을 알아볼까요?

중국의 사상은 기원전 400여 년경 춘추 전국 시대에 꽃피었어요. 이 시대에는 수많은 나라가 곳곳에서 생겨났고, 이곳저곳에서 전쟁이 끊임없이 벌어졌어요. 이때 다양한 생각을 가진 학자들과 학파가 생겨났어요. 이들을 '제자백가'라고 해요. 제자백가에 대해 함께 알아볼까요?

유가에서는 예절을 따진다고요?

기원전 500여 년 전 인물인 공자는 유가 사상을 만든 철학자예요. 본래 이름은 공구랍니다. 공자는 3천여 명의 제자들에게 유가 사상을 가르쳤어요. 유가 사상의 핵심은 '인'과 '예'예요. '인'은 사람이 살아가며 서로 존중하고 이해하며 잘 어울려 사는 모습을 뜻해요. 부모님에게 효도하고, 형제를 사랑하는 것이 '인'을 실천하는 것이랍니다. '예'란 서로가 서로를 이해하고 잘 살기 위해 자연스럽게 행동으로 드러나는 것이에요. 웃어른이 모범을 보일 때 아랫사람들이 스스로 따르게 되고, 그럼으로써 '예'가 바로 서게 된답니다. 유가에서는 예를 따라 바르게 사는 삶, 도덕적인 삶을 가장 중요하게 생각했어요.

▲ 공자

법가에서는 법이 최고라고요?

> 잘한 자에겐 상을 주고 잘못한 자에겐 벌을 내린다.

법가는 '법'을 가장 중요하게 여겼어요. 법가를 대표하는 철학자로는 한비자를 들 수 있어요. 기원전 250여 년 전에 활동한 한비자는 말을 더듬고 말도 잘 꾸미지 못했어요. 하지만 생각이 남다르고 재주가 뛰어나 글을 무척 잘 썼어요. 그는 법가를 집대성하고 '신상필벌'을 주장했어요. '신상필벌'이란 '잘한 자에게는 상을 내리고, 잘못한 자에게는 벌을 내려 상벌로 인간을 다스린다.'는 뜻이에요.
한비자는 사람의 본성이 악하므로 강력한 법을 정해 백성들이 따르도록 해야 한다고 말했어요.

◀ 한비자

묵가는 사랑을 실천한다고요?

묵가는 '모든 사람은 평등하다.'라는 원칙을 가졌어요. 사람들을 차별 없이 사랑해야 한다는 '겸애'를 실천하려고 했지요. 나를 사랑하듯 친구를 사랑하고, 내 아이를 사랑하듯 남의 아이를 사랑하고, 내 부모를 위하듯 친구의 부모를 위한다면 세상이 이로워져서 그 이익이 자신에게 돌아온다고 믿었답니다. 묵가를 세운 철학자는 기원전 300년경에 활동한 묵자예요. 본래 이름은 '묵적'이랍니다. 그가 주장한 '겸애'와 평등, 평화의 정신은 백성들에게 커다란 인기를 끌었어요. 그는 전쟁에 필요한 무기도 만들었는데, 약한 나라가 강한 나라를 막는 데 필요한 방어 도구였어요. 묵가의 철학자들은 묵자의 마음을 이어받아 사랑으로 모두를 끌어안고자 노력했답니다.

▲ 묵자

음양가, 종횡가, 잡가는 무엇인가요?

음양가는 해를 향하면 양이요, 해를 등지면 음이라는 음과 양의 원리를 중심 사상으로 삼았어요. 음양가에서는 하늘을 공경하고 따르며 해, 달, 별의 운행이나 사계절의 변화 등 자연 현상의 법칙을 설명했어요. 사람들도 자연의 흐름에 따라 행동해야 복을 받을 수 있다고 믿었답니다.

종횡가는 외교와 책략을 펼친 사상가들이에요. 이들은 작은 나라들을 돌아다니며 책략을 써서 나라들의 연합체를 만들어 큰 나라에 대항하려 하기도 했고, 큰 나라가 작은 나라들과 손을 잡도록 하기도 했어요. 잡가는 여러 가지 사상 가운데서 필요한 것만 뽑아 하나의 사상을 만든 학파예요. 농가는 농업을 중시한 학파랍니다.

◀ 춘추 전국 시대에는 수많은 학자와 학파가 있었어요.

EQ 휴먼 파워
교과 수록 및 연계 전 60권

01 도전! 세계 최고 기록 〈주제 _ 기네스북〉
초등 국어 4-1 읽기 1. 생생한 느낌 그대로 28쪽 / 초등 국어 4-1 읽기 2. 정보를 찾아서 29~49쪽 / 초등 국어 5-1 읽기 2. 정보의 탐색 35~56쪽

02 7대 불가사의는 어떻게 만들었을까? 〈주제 _ 7대 불가사의〉
초등 사회 6-2 2. 세계 여러 지역의 자연과 문화 52~77쪽 / 중등 역사(상) Ⅰ. 문명의 형성과 고조선의 성립, 두산동아 22~24쪽, 미래엔 23~24쪽, 교학사 24~28쪽, 비상교육 30~33쪽, 지학사 23~26쪽, 천재교육 24~26쪽 / 중등 사회 1학년 Ⅲ. 다양한 지형과 주민 생활, 금성 84쪽, 대교 79쪽, 교학사 85쪽

03 세계의 미스터리 사건들 〈주제 _ 미스터리〉
초등 과학 4-2 2. 지층과 화석 64~65쪽, 4. 화산과 지진 135~143 / 초등 생활의 길잡이 4-2 4. 우리가 지키는 푸른 별 92~93쪽 / 초등 과학 5-1 1. 지구와 달 35쪽 / 초등 과학 5-2 4. 태양계와 별 139쪽 / 중등 사회 1학년 2. 인간 거주에 유리한 지역, 두산동아 44쪽 / 중등 과학 2학년 5. 태양계, 천재교육 188쪽

04 앗, 세상에 이런 일이! 〈주제 _ 서프라이즈〉
초등 국어 5-1 읽기 2. 정보의 탐색 35~55쪽, 5. 사실과 발견 97~126쪽 / 초등 사회 6-2 2. 세계 여러 지역의 자연과 문화 52~77쪽 / 중등 역사(상) Ⅵ. 조선의 성립과 발전, 지학사 205쪽

05 장님이 왜 손전등을 들었을까? 〈주제 _ 두뇌 퍼즐〉
초등 국어 2-1 국어 ③-가 3. 이렇게 해 보아요 70~86쪽, 국어 활동 ③-가 60~73쪽 / 초등 국어 4-1 3. 이 생각 저 생각 51~69쪽 / 초등 국어 5-1 읽기 5. 사실과 발견 97~125쪽 / 초등 국어 5-2 읽기 2. 사건의 기록 31~53쪽 초등 국어 6-2 읽기 6. 생각과 논리 137~159쪽

06 교과서에서 뽑은 알짜배기 상식 〈주제 _ 교과서 상식〉
국어 활동 ①-나 8. 겪은 일을 써요 162쪽 / 국어 ③-나 11. 재미가 새록새록 323~324쪽 / 통합교과 1-1 여름 1 1. 여름이 왔어요 18~21쪽, 가족 1 1. 우리 가족 46~47쪽 / 통합교과 2-1 가족 2 1. 친척 20~29쪽, 나 2 1. 나의 몸 30~33, 36~41, 50~53쪽 / 초등 국어 3-1 듣기·말하기·쓰기 4. 마음을 전해요 65, 67쪽 / 사회 5-1 1. 하나 된 겨레 23~25, 42~44쪽

07 교과서에서 뽑은 알짜배기 속담 〈주제 _ 교과서 속담〉
초등 국어 ①-나 / 초등 국어 1학년 2학기 / 초등 국어 ③-가 / 초등 국어 활동 ③-나 / 초등 국어 3학년~6학년

08 뚱딴지는 어디에서 나온 말일까? 〈주제 _ 말의 유래〉
초등 국어 3-1 듣기·말하기·쓰기 8. 우리끼리 오순도순 139~148쪽 / 초등 국어 3-2 듣기·말하기·쓰기 4. 차근차근 하나씩 69~84쪽 / 초등 국어 4-1 읽기 8. 같은 말이라도 149~161쪽, 우리말 꾸러미 167쪽 / 초등 국어 5-1 읽기 3. 생각과 판단 57~80쪽 / 초등 국어 5-2 듣기말하기쓰기 우리말 꾸러미 158쪽

09 세상을 여는 열쇠 〈주제 _ 문자〉
초등 국어 3-1 읽기 4. 마음을 전해요 72~73쪽 / 초등 국어 6-2 읽기 5. 언어의 세계 115~136쪽 / 중등 역사(상) Ⅰ. 문명의 형성과 고조선의 성립, 미래엔 24, 28쪽, 교학사 27쪽, 지학사 24쪽, 천재교육 24쪽 / 중등 역사(상) Ⅵ. 조선의 성립과 발전, 두산동아 162~163쪽, 대교 202~203쪽, 비상교육 190쪽

10 정치를 잘해야 나라가 산다 〈주제 _ 정치〉
초등 사회 4-1 2. 주민 참여와 우리 시·도의 발전 56~73쪽 / 초등 사회 6-2 1. 우리나라의 민주 정치 10~27쪽 / 중등 사회 1학년 Ⅹ. 인권보호와 헌법, 비상교육 271~273쪽, 교학사 261~267쪽, 천재교육 266~271쪽

11 법을 알아야 법대로 하지 〈주제 _ 법률〉
초등 사회 6-2 1. 우리나라의 민주 정치 20~45쪽 / 중등 사회 1학년 Ⅸ. 우리의 생활과 법, Ⅹ. 인권보호와 헌법, 비상교육 230~284쪽, 교학사 226~269쪽 / 중등 역사(상) Ⅰ. 문명의 형성과 고조선의 성립, 두산동아 23쪽, 미래엔 23쪽, 지학사 24

12 종소리가 에밀레 에밀레? 〈주제 _ 문화유산〉
초등 국어 3-1 읽기 4. 마음을 전해요 72~73쪽 / 초등 국어 4-1 읽기 5. 알아보고 떠나요 95~97쪽, 7. 넓은 세상 많은 이야기 134~139쪽, 8. 같은 말이라도 149~161쪽 / 초등 사회 5-1 1. 하나 된 겨레 21~22, 42~44, 51쪽 / 초등 국어 5-2 읽기 5. 우리가 사는 세상 94~98쪽 / 초등 사회 5-2 3. 우리 겨레의 생활 문화 136쪽

13 널뛰고 그네 타고 제기 차고 〈주제 _ 민속〉
초등 사회 3-2 3. 다양한 삶의 모습 94~111쪽 / 초등 국어 4-2 읽기 2. 하나씩 배우며 30쪽 / 초등 사회 5-2 3. 우리 겨레의 생활 문화 126~129쪽 / 초등 사회 6-1 1. 우리 국토의 모습과 생활 16~24쪽

14 철썩! 뺨 때리는 게 인사라고? 〈주제 _ 세계 풍속〉
통합교과 2-1 가족2 ② 다양한 가족 74~77쪽 / 초등 사회 3-2 3. 다양한 삶의 모습 113~117쪽 / 초등 생활의 길잡이 3-2 3. 함께 어울려 살아요 56쪽 / 초등 도덕 6학년 7. 다양한 문화 행복한 세상 128~145쪽 / 초등 사회 6-2 2. 세계 여러 지역의 자연과 문화 50~87쪽

15 미키 마우스는 다락방 생쥐였다 〈주제 _ 애니메이션〉
통합교과 2-1 나2 ② 나의 꿈 82~85쪽 / 초등 국어 3-1 듣기·말하기·쓰기 7. 이야기의 세계 119~139쪽 / 초등 국어 3-2 읽기 7. 마음을 읽어요 119~139쪽 / 초등 사회 5-2 1. 우리나라의 경제 성장 35쪽

16 모기 눈알 요리와 독거미구이 〈주제 _ 세계 음식〉
통합교과 2-1 가족2 ② 다양한 가족 74~77쪽 / 초등 사회 3-2 3. 다양한 삶의 모습 90, 104~111쪽 / 초등 사회 6-2 2. 세계 여러 지역의 자연과 문화 78~84쪽

17 남자가 뾰족구두를 신었다? 〈주제 _ 패션〉
통합교과 2-1 가족2 ② 다양한 가족 74~77쪽 / 초등 사회 3-2 3. 다양한 삶의 모습 116쪽 / 초등 사회 6-2 2. 세계 여러 지역의 자연과 문화 56, 62~63쪽

18 뭐니 뭐니 해도 머니! 〈주제 _ 돈과 경제〉
초등 사회 4-2 1. 경제생활과 바람직한 선택 8~49쪽 / 중등 사회 3학년 2. 민주 시민과 경제 생활 금성 42~67쪽, 교학사 40~61쪽, 지학사 42~69쪽, 디딤돌 46~75쪽

19 역사를 바꾼 명언들 〈주제 _ 세계 명언〉
초등 국어 5-2 6. 깊은 생각 바른 판단 127~158쪽 / 초등 국어 6-1 읽기 2. 정보와 이해 38~41쪽 / 초등 국어 6-2 듣기·말하기·쓰기 6. 생각과 논리 122쪽/ 중등 국어 2-2 부록, 교학사 254쪽 / 중등 도덕 3학년 Ⅳ. 삶과 종교, 미래엔컬처그룹 199쪽

20 역사 속 라이벌들의 한판 대결 〈주제 _ 역사 한 마당〉
초등 사회 5-1 1. 하나 된 겨레 42~44쪽 / 2. 다양한 문화를 꽃피운 고려 61~64쪽 / 3. 유교 전통이 자리 잡은 조선 101, 129~130쪽 / 중등 역사(상) Ⅲ. 통일 신라와 발해, 두산동아 74, 91~101쪽, 미래엔 86, 111~119쪽, Ⅴ. 고려 사회의 변천, 두산동아 122, 130~131쪽, Ⅵ. 조선의 성립과 발전, 비상교육 176, 208쪽, 천재교육 207쪽

21 역사를 바꿔 놓은 전쟁들 〈주제 _ 세계 전쟁〉
초등 사회 5-1 3. 유교 전통이 자리 잡은 조선 129~130쪽 / 중등 사회 2학년 Ⅰ. 유럽 세계의 형성, 교학사 14쪽, 동아사 13, 15쪽 / Ⅳ. 현대 세계의 전개, 교학사 98~99, 106쪽 / 중등 역사(상) Ⅵ. 조선의 성립과 발전, 두산동아 171~172쪽, 미래엔 202쪽 / 중등 역사(하) Ⅶ. 현대 세계의 전개, 대교 190~205쪽, 교학사 195~211쪽

22 칭기즈 칸은 겁쟁이였다 〈주제 _ 단점 극복〉
통합교과 2-1 나2 ②나의 꿈 82~87쪽 / 초등 도덕 6학년 1. 귀중한 나, 참다운 꿈 8~19쪽 / 6. 용기, 내 안의 위대한 힘 108~124쪽 / 중등 도덕 2학년 Ⅰ. 일과 배움, 미래엔 60~70쪽, 천재교육 66~77쪽

23 나무아미타불, 아멘, 오! 알라 〈주제 _ 세계 종교〉
초등 사회 5-2 3. 우리 겨레의 생활 문화 132~134쪽 / 초등 도덕 6학년 8. 공정한 생활 158쪽 / 10. 참되고 숭고한 사랑 189, 191~192쪽

24 알에서 태어난 왕이 있다고? 〈주제 _ 난생 신화〉
초등 사회 5-1 3. 삼국의 성립과 발전 27~28쪽 / 중등 역사(상) Ⅱ. 삼국의 성립과 발전, 두산동아 42~55쪽, 미래엔 39쪽

25 올림포스의 신과 영웅 〈주제 _ 그리스 신화〉
중등 도덕 1학년 Ⅰ. 도덕적 주체로서의 나, 미래엔 15쪽 / 중등 역사(상) Ⅶ. 통일 제국의 형성과 세계 종교의 등장, 교학사 233쪽, 대교 234쪽, 비상교육 243쪽

26 신화와 전설로 피어난 꽃들 〈주제 _ 꽃말의 유래〉
통합교과 1-1 봄1 ① 봄맞이 22~25쪽 / 초등 과학 4-2 1. 식물의 세계 20~49쪽

27 별이 된 엄마 곰과 아기 곰 〈주제 _ 별자리 이야기〉
통합교과 1-1 여름 1 ②여름 방학 66~69쪽 / 초등 국어 4-1 듣기·말하기·쓰기 1. 생생한 느낌 그대로 16~19쪽 / 초등 과학 5-2 4. 태양계와 별 146~153쪽

28 위인들이 띄운 특별한 편지 〈주제 _ 위인들의 편지〉
초등 생활의 길잡이 4-1 1. 바른 마음 곧은 마음 24쪽 / 초등 도덕 6학년 8. 공정한 생활 159쪽 / 초등 사회 6-2 1. 우리나라의 민주 정치 38~42쪽 / 중등 역사(상) Ⅸ. 교류의 확대와 전통 사회의 발전, 천재교육 333쪽

29 맹자 가라사대 칸트야 〈주제 _ 세계의 철학자〉
초등 도덕 4-1 1. 바른 마음 곧은 마음 8~27쪽 / 초등 도덕 5학년 6. 돌아보고 거듭나고 111쪽, 7. 참된 아름다움 128~139쪽 / 초등 생활의 길잡이 5학년 2. 감정, 내 안에 있는 친구 25쪽 / 중등 도덕 3학년 Ⅲ. 인간의 존엄성과 인권, 디딤돌 72쪽